藻溪的那条溪

叶怀欣 著

浙江摄影出版社
全国百佳图书出版单位

目 录

序

欧阳世忠

叶怀欣第一次拍摄的专题是2016年参加“八一影堂”的“山海苍南”项目，他的专题名称是《城与承》。《城与承》围绕着自然和文化、风景和工业、信仰与民俗等内容展开，叶怀欣将镜头瞄准当下，定格蒲壮所城的传承与变革，留存苍南的历史瞬间，使这个专题作品成为难能可贵的影像档案。第二次拍摄专题是在参与我的第八期工作坊学习期间，其作品《存在》最后以手工书形式呈现，在浙江省第十七届摄影艺术展中获得手工书奖。《存在》这个专题的拍摄手法，正如叶怀欣本人所说，“是一种新的探索与尝试，是对摄影手法的一次肯定，同时也诠释了摄影的无限可能”。第三次拍摄的专题就是《藻溪的那条溪》这本摄影集。去年，他跟我提起，想花一年时间以藻溪为主线做一个有深度的专题。他说：“我与藻溪有着一份割舍不断的情分，每当在大街小巷中拍摄，总会下意识地去寻找长辈的身影。”藻溪让他时时感受到孩提时代的记忆温度，重拾充满乡土风情风味的什物，让眼前的世界不再陌生和疏离。正是对藻溪的这份“情”，才使《藻溪的那条溪》这本摄影集得以诞生。正如皮特•亚当斯所说：“对于伟大的摄影作品，重要的是情深，而不是景深。”

藻溪镇是苍南县的“后花园”，是中国式乡村社会形态的典型，这里突显了具有浙南地域色彩、独特个性标记和当地文化传统、乡风民俗的社会形态和道德价值体系。叶怀欣以无表情的摄影手法表达了他对藻溪的观察、理解和感受，用他的镜头带领观者走近藻溪，感知藻溪人是如何对待他们所栖息的环境，乡村自然风景在日新月异的经济发展中是如何变迁的。在《藻溪的那条溪》中，作者花了一年时间用他的影像一一为观者解答，也对整个藻溪镇的区域人文生态予以系统梳理。作者围绕这一地域乡村溪水的特点，为观者展现了一种奇妙而又神秘的视觉图像，不仅记录了人类对自然的干预，同时也再现了这一地域的传统文化、习俗、信仰和当地人的种种精神面貌，折射出的正是当下中国乡村的现状。

摄影师拍的是一条小溪，但他的镜头并不对准那些特别具有叙事价值的场景，而是从个人主观意识出发，对小溪周边有趣味的人和事进行影像采集：庄稼地里的母鸡、栖息的老牛、被网住的鱼、栏杆上的被子、墙上的风景、洗头的小姑娘、岸边的餐桌、公路上的马队、威严的门神……这些影像看似平淡无奇，却又独具深意、耐人寻味，细细品来其中蕴含了引人关注的诸多细节，体现了理想与现实的冲突、传统与创新的矛盾、个性与共性的碰撞，能让读者从中感受到当今快速发展的经济大潮对藻溪的朴实乡风与悠久历史的冲击和颠覆。

比起文字或其他艺术门类，摄影作品表达快速，更有力量，更直接。摄影，通过对影调的把握与控制，对内容的细化与主题的呈现，记录物体、人物、风景等的具象，虽无法直接表达人类的情感与思想，但可以通过各种事物的具象化来表现。掌镜者更是可以攫取生活中的微妙细节，将其构造成有故事的画面。叶怀欣用富士 50S 中画幅相机极尽描述常被人忽视的“那条溪”，用一种本土性的语言和直观的描述方式进行记录，拍摄人物、风景和房屋内部，表现被孤独、渴望、幻想包围下的种种：农业、工业、生产、政治、宗教、信仰、党建、家庭、民俗、婚礼……作者从原来的纪实摄影转向景观摄影，他有意反其道而行之，剥去人物肖像摄影中的假面，在那些“彻底的无表情”的脸上，找到一种不加渲染、简洁又质朴的风格，而这一极具内涵的拍摄手法恰如其分地表达了作者内心的张力、焦虑和期待。

摄影对摄影师来说是一种表达自我的艺术形式，《藻溪的那条溪》以一种原生态的社会形态与人性本真来叙事。该专题摄影如一首有条不紊的叙事诗，有着自身独特乡愁的故事性，同时也蕴含着内在的连续性，作品既朴素平实又有审视与探索。

怀欣在摄影这条路上渐渐走出了一条自我探索的路。

好酒·山图一下
中高端(AOP级、IGP级)葡萄酒

藻溪

市场

2015
检
2014

美丽乡村
山水藻溪

农家菜肴
享百味人生
乡村小灶
欢迎光临
品农家菜肴
享百味人生
品味
乡村小灶

KELON
TOMMY

横 街
86
富貴平安

撸遍天下

Fenggu
丰谷

保平安

福
福旺財旺

EC715-RV
保持距离
EMGRAND
浙C·SC232

州上方建材有限责任公司
特级建筑胶

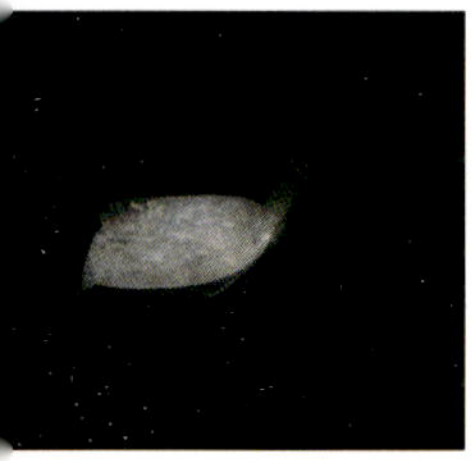

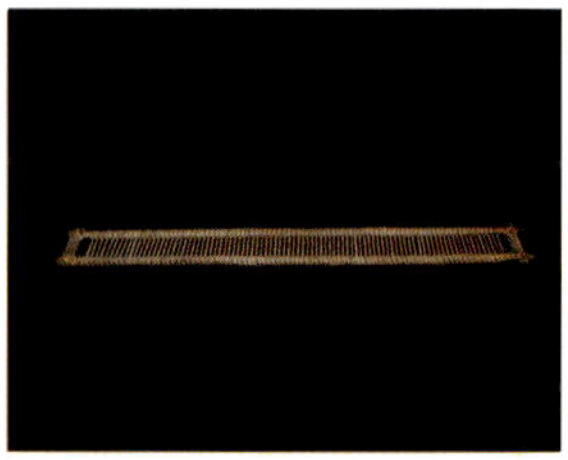

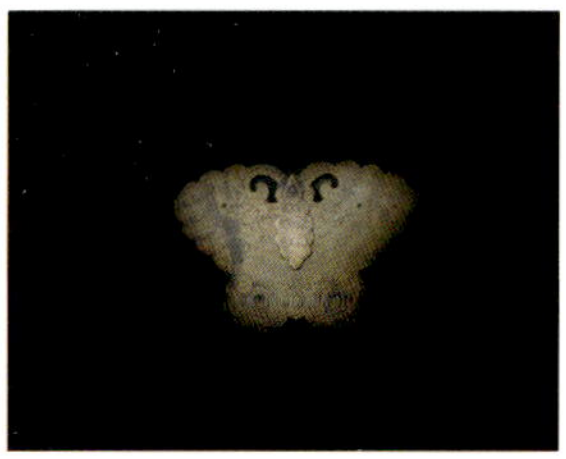

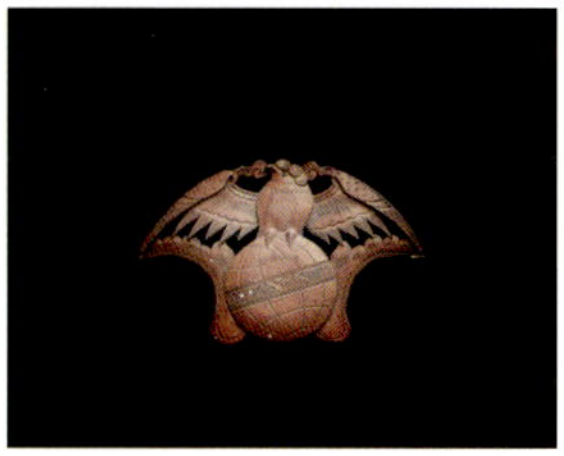
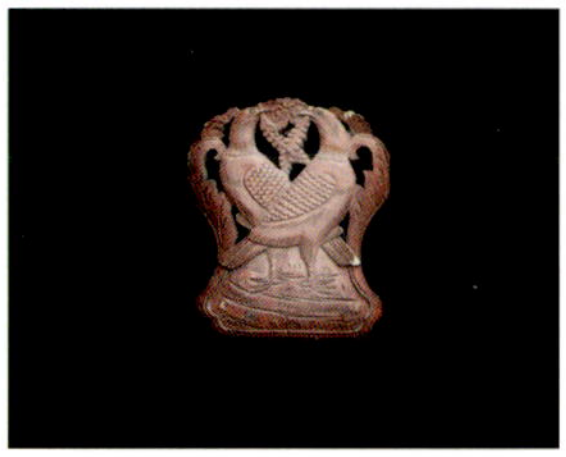
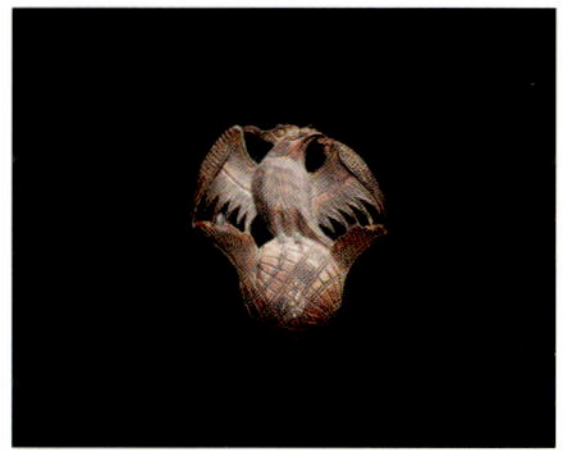

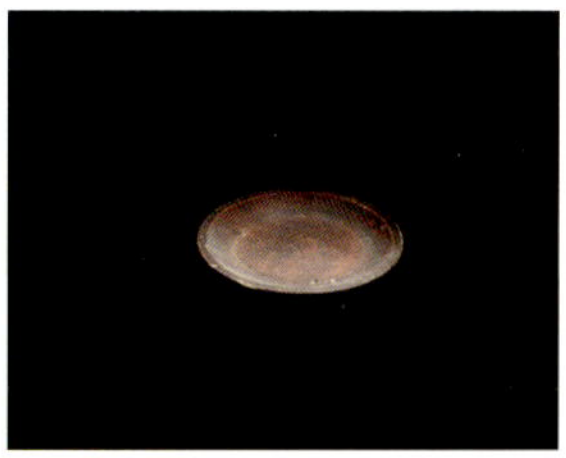

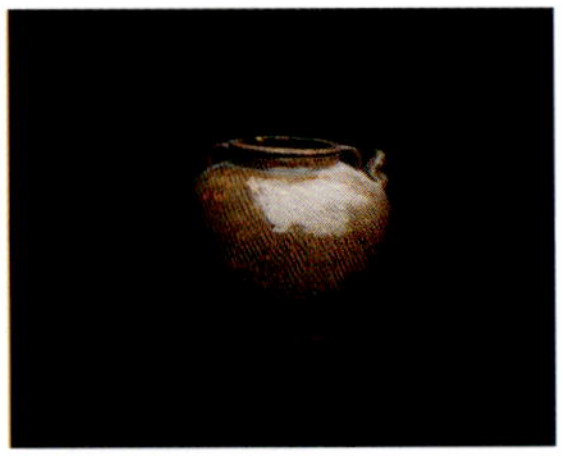

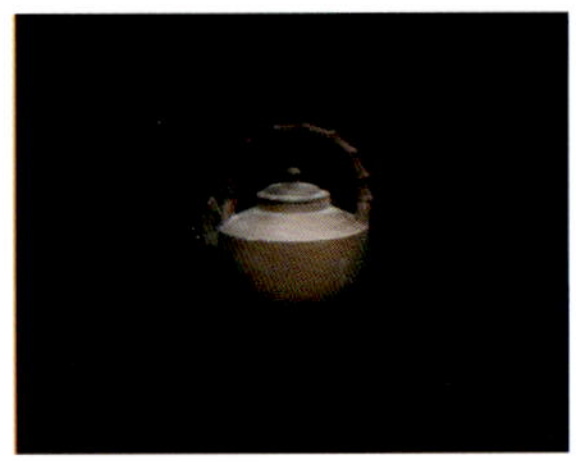

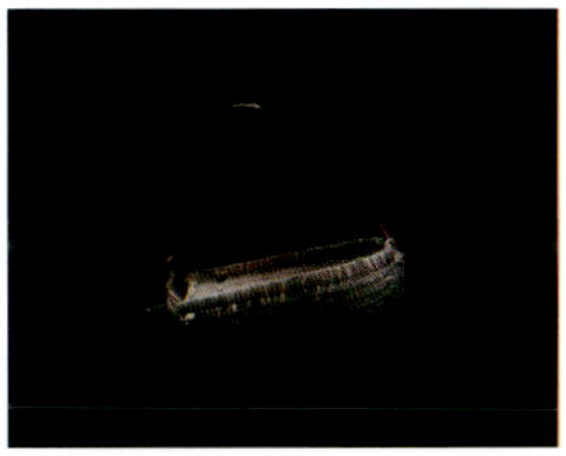

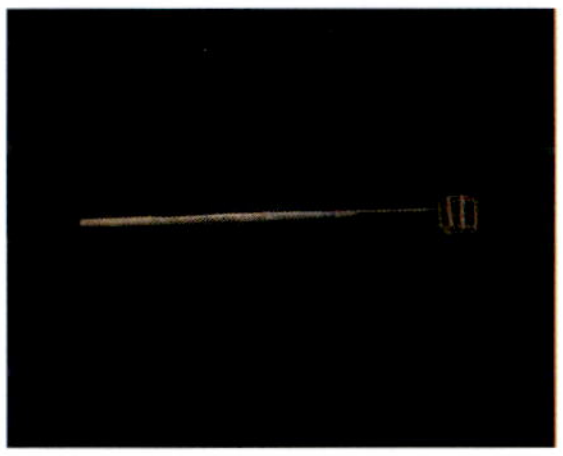
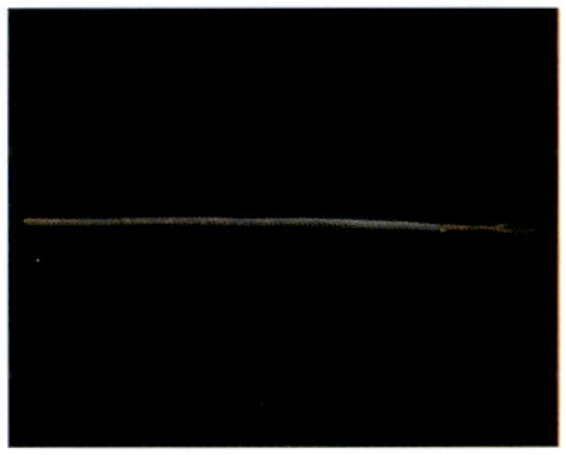
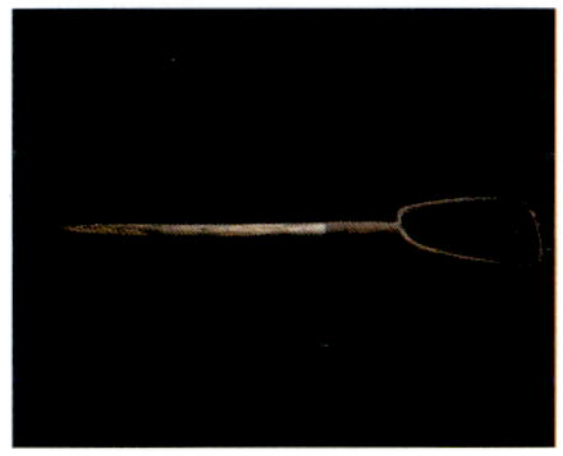

《藻溪的那条溪》作者自述

叶怀欣

藻溪，位于苍南县域中部，旧称“燥溪”，意为溪水雨后暴涨，久晴即干。清中叶，当地乡民筑坝拦水改造溪床，之后溪水经年长流不竭，藻类丛生，燥溪因之更名为“藻溪”。藻溪发源于昌禅乡的高垟山北麓，横贯藻溪镇全境，至流石村汇入横阳支江。水之德，生生不息，钟灵毓秀；藻溪因水而生，因水而盛。早在唐末五代年间，这里就有了人类活动的迹象，清代至民国时期达鼎盛，境内货运繁忙，商铺林立，街衢纵横，人烟繁密，至今仍保留的古色古香的藻溪老街就是当时经济发展的一个见证。千百年来，在延续以宗族伦理为基本形态的自然淳朴、田园牧歌般的中国式乡村社会秩序的前提下，这里逐渐形成了带有浙南地域色彩与独特个性标记的文化传统、乡风民俗以及社会意识形态和道德价值体系。

然而，随着社会经济飞速发展，生产生活方式迅速演变，我国已经从农耕文明时代跨越到各个历史时期特征交融并存的时代，其变化之快令人惊愕。藻溪不是世外桃源，同样不能置身于时代发展趋势之外，躲避社会文明形态的嬗变与进化。在这个充斥着躁动与焦虑的时代里，我们蓦然发现，那些曾经习以为常、带有孩提记忆温度、充满乡土风情风味的什物慢慢地从我们的视野里淡化和消失，眼前的世界竟然变得那么陌生、疏离和无奈。乡村的巨大变化给我们带来太多的影像记录机会，2018年，我几乎利用所有休息时间，走遍藻溪的大小村落，试图通过这些影像，记录藻溪乡村社会的发展变迁。

同时我试图获取影像背后的更深层意义，诸如通过藻溪管窥以现代化为追求的社会背景下中国乡村发生的诸多变化，包括乡村社会的价值取向和文化形态等，反映“乡村振兴”进程中中国新农村建设的时代风貌。

乡村景观能折射出什么信息?

——评叶怀欣的摄影作品《藻溪的那条溪》

安光系

当多数摄影师都还在四处行走，创作“如画”摄影作品的时候，摄影师叶怀欣却把镜头对准了一条名为“藻溪”的小溪，这也是作者当下生活的所在地。

纵观人类发展的文明史，文化方面大致可以沿着三个方向追溯：沿江流域、环湖流域、沿海流域。因此，叶怀欣看似在拍摄一条小溪，实际上拍摄的是自己家乡一带的人和事。其中折射的，其实是当下的中国。

当下社会，经济飞速发展，城市急剧扩张，人们的工作和生活节奏加快。为缓解压力，人们会寻找机会回归乡村、回归自然。在商业利益的驱动下，人们会把乡村的影像构建成人类理想生活所在地的样子。在多数人的想象中，乡村一直是被摄影师所美化的景观：无论是田野、村庄，还是乡间小路，都被拍成了美的符号，似乎人的活动从来不存在。照相机总是把风景转化为精神神话，使之产生神秘感。

无论是否与真实风景一致，“如画”摄影都为人们建立了一系列理想图像，为人们提供了田园牧歌式的表达方式。据此，许多人会认为，乡村是人们逃离城市的精神避难所。

叶怀欣的照片，似乎在打破这些神话。

在拍摄过程中，叶怀欣用地形学的方式，探究地理与影像的关系。在地形学里，地貌是指地球表面形形色色的各种空间实体，分自然形体和人工形体两类，可以理解为我们日常生活中所提到的自然景观和人造景观。风景是庞大的文化构建物，任何风景都是人类活动的结果，或是人类对自然进行了改动，或是自然在被风景化（比如自然被图像化、自然被诗歌等文字形式所描述）的过程中加入了人的因素，风景其实反映了人类对自然的干预程度。

各种人、动物、建筑、雕塑，或是一条无人的小路、无人值守的钓鱼竿及各种被人为改造的新地貌，这些照片显然在解构大多数人脑海中关于乡村小溪的如画印象，打破了人们平常对乡村风景的想象。这些影像指涉了人、风景、文化、信仰以及人在生存过程中对自然进行干预后形成的新景观。他关注的文化图像，其实是一种当下的真实，并非多数人脑海中的想象。

在他的这些照片里，乡村开始出现明显变化，人为干预的空间也越来越多。地理上，每一处自然的变化与改动，都成了他拍摄的对象。河边的楼房、河里漂浮着的养鱼设施、地里的塑料制品、山上的亭子、岸边的餐桌、树林里的养鸡场、网上挂着的鱼等画面，无不揭示着人对自然空间和资源的挤占、争夺。

各种各样的雕像成为当地的文化景观。这是摄影师探究当地人们生存状态和文化构建的一个重要方式。那些墙上的绘画为我们提供了一个了解当下乡村的艺术媒介，它折射出当下乡村的集体梦想；同时，一些近乎荒诞的画面，也能让人读出理想与现实的冲突。此外，我们在这些照片里，还可以读出经济对当下乡村的冲击，还可以读出人们的喜好、时尚和欲望。

这些照片，还提供了一个外来者、他者的观看方式。他关注了一个似乎是陌生的、被人遗忘的地方。显然，田园牧歌式的乡村正离我们远去，取而代之的，是他对这些改变的担忧和对这里人们生存状态的关注。通过这些照片能够看出，摄影师的目光是警惕的。他在关注人与自然的冲突与矛盾，在关注工业和商业文明进入这些原始土地的方式和痕迹，他更在担心，周边的人们，无时无刻不在争夺这些自然资源和景观。

除此之外，他还以影像的方式，记录下了富有浙南地域色彩与独特个性标记的文化传统、乡风民俗以及社会意识形态和道德价值体系。他拍摄的还有那些即将消失的生产工具和其他物品，他在担心这些东西会慢慢消失，正试图以一己之力，以摄影的方式，对当下的乡村风景与文化传统加以挽留。

叶怀欣的这些照片，讲述了乡村自然风景在当下经济发展中的变迁，讲述了人对自然的干预，记录了当下人们的生存状态，同时也展现了当下乡村里的信仰、梦想、传统文化。它们既是风景照片，也是一本影像日记；它们既是如实记录，但也夹杂着摄影师本人的复杂情感。在全球化的社会背景下，每一个角落都在改变。面对这些改变，摄影师在用影像的方式，表达自己的抗争。苏珊·桑塔格说："当我们感到恐惧时，我们就去开枪；当我们担心时光流逝时，我们就去拍照片。"就像一列火车驶过，叶怀欣正试图用摄影的方式，让时间停住，把装载着这条小河的车厢拦下。相机正是他试图拦下火车的那把手枪。

他所做的一切，是要把当下的家乡放进照片里，使之永不改变。

（本文发表于《人民摄影》报 2019 年 5 月 8 日第 19 期）

2019 年 4 月 30 日 22 时草于伦敦家中

后　记

叶怀欣

儿时的我，最大的梦想就是拥有一台相机。参加工作后，第一件大事就是攒钱买相机，此后便迷上了摄影。有了女儿之后，还给女儿取了跟照相机品牌一样的名字——Pentax。现在女儿也喜欢摄影、喜欢外语，我不知是否和这个外文名字有一定的联系。二十多年来，相机不断更新换代，行行摄摄中不变的依然是那份执着……但有一段日子，我突然开始对摄影感到迷惘，甚至不知道该如何拍好照片。困惑中，我遇到"八一影堂"，通过系统地学习和训练，思路渐渐清晰起来，也连续拍摄了几个专题。照片拍多了，便有了出书的念头。

拍什么呢？这又是一件让我苦恼的事情，几经考虑，最后决定立足于乡土，选择以藻溪为拍摄对象，见微知著，通过影像反映改革开放四十多年来中国乡村的变化。对藻溪的印象，最初来自我的父亲。小时候，父亲经常在我面前说，爷爷年轻时为了生计长年奔波在外，是投靠藻溪的朋友才得以生存。父亲小学毕业后，也曾当过"挑矾工"，每天起早摸黑穿梭于南宋至藻溪的挑矾古道上，我没能体会那段日子的苦难，但那首《挑矾歌》让我读懂了父辈的艰辛。也许是藻溪情结让我对这个地方产生了无比的敬畏与好奇，也激发了我的拍摄冲动和欲望。每次拍摄中，穿行于藻溪的大街小巷，我总会下意识地去寻找当年爷爷和父亲在藻溪生活的身影，仿佛也把自己带到了那个久远如烟的年代，脑海里时时浮现我爷爷当年写给藻溪友人的一首诗："兰水何如藻溪清，廿年知己见真情。谢公若问游山约，好待春来携屐行。"足见他们的情谊深厚。

藻溪的那条溪，有很多东西可拍，可以拍清浅的溪水，可以拍斑驳的古宅，可以拍沧桑的老树，可以拍小镇里的市井众生相，也可以拍香烟缭绕的佛事乡俗……新时期的藻溪，正在发生翻天覆地的变化。记录影像，定格流年，我始终行走在摄影的路上，本书的付梓，仅仅是对该主题序列寻找发现、叩问体悟之旅的一个阶段性总结和展示。

感谢欧阳世忠老师对拍摄该专题的悉心指导，感谢他在百忙之中为本书作序，给影友阅读、批评、鉴赏本摄影专题指明了路径，为本书平添了几许厚重，在这里除了感谢就是感动了！感谢远在英国的安光系老师为本书撰写评论文章！感谢影友周功清老师在拍摄过程中的陪伴与指导！感谢郑方杰同学对出版本书的帮忙！感谢谢振东、章学军两位收藏爱好者的无私帮助！借此机会，还要感谢所有给予我关心、支持与帮助的家人、领导、老师和朋友们！

2019年3月4日

作者简介

叶怀欣，男，1970年出生，浙江苍南人，“八一影堂”成员，中国摄影家协会会员。摄影创作始于1995年，有一百多幅摄影作品在国内外赛事中获奖，数十幅作品在《中国摄影》《大众摄影》《中国摄影报》《人民摄影》等刊物发表，影像风格倾向于纪实。现任职于浙江省苍南中学。

责任编辑　郑幼幼
责任校对　高余朵
责任印制　朱圣学

书籍设计　欧阳世忠
特邀编辑　傅为贫

图书在版编目（CIP）数据

藻溪的那条溪 / 叶怀欣著. ——杭州：浙江摄影出版社，2019.8
ISBN 978-7-5514-2571-1

Ⅰ.①藻… Ⅱ.①叶… Ⅲ.①农村—社会主义建设—研究—苍南县 Ⅳ.①F327.554

中国版本图书馆CIP数据核字（2019）第147132号

ZAO XI DE NA TIAO XI
藻溪的那条溪
叶怀欣　著

全国百佳图书出版单位
浙江摄影出版社出版发行
地址：杭州市体育场路347号
邮编：310006
网址：www.photo.zjcb.com
电话：0571-85151350
传真：0571-85159574
制版：杭州立飞图文有限公司
印刷：浙江经纬印业有限公司
开本：889mm × 1194mm　1/20
印张：7.6
2019年8月第1版　　2019年8月第1次印刷
ISBN：978-7-5514-2571-1
定价：180.00元